BEI GRIN MACHT SICH IHR WISSEN BEZAHLT

- Wir veröffentlichen Ihre Hausarbeit, Bachelor- und Masterarbeit

- Ihr eigenes eBook und Buch - weltweit in allen wichtigen Shops

- Verdienen Sie an jedem Verkauf

Jetzt bei www.GRIN.com hochladen und kostenlos publizieren

Sascha Pliske

Die Theorie der Sozialen Marktwirtschaft nach Alfred Müller-Armack und Ludwig Erhard

GRIN Verlag

Bibliografische Information der Deutschen Nationalbibliothek:

Die Deutsche Bibliothek verzeichnet diese Publikation in der Deutschen Nationalbibliografie; detaillierte bibliografische Daten sind im Internet über http://dnb.d-nb.de/ abrufbar.

Dieses Werk sowie alle darin enthaltenen einzelnen Beiträge und Abbildungen sind urheberrechtlich geschützt. Jede Verwertung, die nicht ausdrücklich vom Urheberrechtsschutz zugelassen ist, bedarf der vorherigen Zustimmung des Verlages. Das gilt insbesondere für Vervielfältigungen, Bearbeitungen, Übersetzungen, Mikroverfilmungen, Auswertungen durch Datenbanken und für die Einspeicherung und Verarbeitung in elektronische Systeme. Alle Rechte, auch die des auszugsweisen Nachdrucks, der fotomechanischen Wiedergabe (einschließlich Mikrokopie) sowie der Auswertung durch Datenbanken oder ähnliche Einrichtungen, vorbehalten.

Impressum:

Copyright © 2013 GRIN Verlag GmbH
Druck und Bindung: Books on Demand GmbH, Norderstedt Germany
ISBN: 978-3-656-45133-4

Dieses Buch bei GRIN:

http://www.grin.com/de/e-book/229803/die-theorie-der-sozialen-marktwirtschaft-nach-alfred-mueller-armack-und

GRIN - Your knowledge has value

Der GRIN Verlag publiziert seit 1998 wissenschaftliche Arbeiten von Studenten, Hochschullehrern und anderen Akademikern als eBook und gedrucktes Buch. Die Verlagswebsite www.grin.com ist die ideale Plattform zur Veröffentlichung von Hausarbeiten, Abschlussarbeiten, wissenschaftlichen Aufsätzen, Dissertationen und Fachbüchern.

Besuchen Sie uns im Internet:

http://www.grin.com/

http://www.facebook.com/grincom

http://www.twitter.com/grin_com

Universität Bielefeld
Fakultät für Geschichtswissenschaft, Philosophie und Theologie
- Abteilung Geschichtswissenschaft -

Veranstaltung: Der "Rheinische Kapitalismus" – Theoretische Vorstellungen und Konzepte
WS 2012/2013

Die Theorie der Sozialen Marktwirtschaft nach Alfred Müller-Armack und Ludwig Erhard

Sascha Pliske

Gliederung:

1. Einleitung
2. Theoretische Wurzeln der Sozialen Marktwirtschaft
3. Die Theoretische Konzeption der Sozialen Marktwirtschaft nach Erhard und Müller-Armack
4. Literatur

1. Einleitung

Die *Soziale Marktwirtschaft* war das neue ordnungspolitische Programm, welches die Wirtschaft nach dem Ende des Zweiten Weltkrieges wieder stabilisieren sollte, um die Basis für einen starken und stabilen Staat zu bilden. Die ideologischen Wurzeln der *Sozialen Marktwirtschaft* lassen sich bereits während der Weimarer Republik ausmachen, wo sich im Zuge der Weltwirtschaftskrise 1929 die demokratische Grundordnung des Staates auflöste und führende Wirtschaftsexperten begannen, eine neue Wirtschaftsordnung zu erstellen, die wirtschaftliche Krisen abzuwenden und den Staat dauerhaft zu stärken vermochte. In der Ausarbeitung jenes Programms waren auch die Weggefährten Alfred Müller-Armack und Ludwig Erhard schon in der Zeit des Nationalsozialismus eingebunden und gelten als die wichtigsten Vertreter der *Sozialen Marktwirtschaft* und sorgten für ihre inhaltliche Konzeption und politische Umsetzung. Daher werde ich im folgenden Essay ihre theoretischen Grundgedanken bzüglich ihres Programms darstellen.

2. Theoretische Wurzeln der Sozialen Marktwirtschaft

Die Weltwirtschaftskrise von 1929, in deren Fahrwasser die Nationalsozialisten nach der Macht griffen und die erste Demokratie auf deutschem Boden beendeten, wurde von führenden Ökonomen mit dem Wirtschaftsliberalismus in Verbindung gebracht, da dieser *"[...] selten imstande [war] das reine Staatsinteresse zur Geltung zu bringen."*[1]
Weiter wurde die Vorstellung negiert, dass der Staat nicht gezwungen ist, in die wirtschaftlichen Prozesse einzugreifen, da sich der Markt nach der These Adam Smith' selbst reguliert und der einzelne Akteur durch seine wirtschaftliche Tätigkeit dem Wohle aller dient.[2] Durch die enormen wirtschaftlichen, sozialen und politischen Probleme, die die Weltwirtschaftskrise mit sich brachte, wurde deutlich, dass das aktuelle Wirtschaftssystem diverse Strukturprobleme in sich barg, sodass sich Ökonomen aufmachten ein stabileres Konzept zu entwickeln, welches weitere Ereignisse wie jene von 1929 unmöglich machte.
So entwickelte Alexander Rüstow 1932 die Idee des *"liberalen Interventionismus"*, mit dem ein starker, über der Wirtschaft stehender Staat, zyklisch in die Schwankungen der Wirtschaft eingreift um Entwicklungen am Markt zu beschleunigen und der Wirtschaft ordnungspolitische Grenzen aufzeigen zu können, sodass diese zum Wohle des Volkes

---
1 Werner Abelshauser, *Deutsche Wirtschaftsgeschichte seit 1945,* München, 2004, S.94.
2 Vgl. Adam Smith, *Der Wohlstand der Nationen,* München, 1983, S. 423.

agiert und nicht mehr eigene Interessen vor dem Gemeinwohl stellt.³ Auch Müller-Armack vertrat zur gleichen Zeit die Position, dass ein Staat " [...] *seine Hegemonie gegenüber der Wirtschaft so gefestigt weiß, daß er sich auf eine spezifisch staatliche Beeinflussung der Wirtschaft beschränken kann.*"⁴ Diese Gedanken wurden auch von den Nationalsozialisten aufgenommen, die Prinzipien von einem starken Staat ohne Weiteres in ihre totalitäre Politik einbinden konnten und so ihre Lenkungswirtschaft begründeten.

Im Verlauf der NS-Herrschaft nahm die konzeptionelle Ausarbeitung der Marktwirtschaft einen immer größeren Platz in Forschung, Lehre oder Publizistik ein, wodurch diese theoretisch weiter ausgearbeitet werden konnte. Schon 1937 veröffentlichten die Ordoliberalen der *Freiburger Schule* in der Schriftreihe *"Ordnung der Wirtschaft"* erstmalig ihre Vorstellung von einem freien Wettbewerb, der zur gesellschaftlichen Ordnung dienen soll.⁵ So wurden die theoretischen Grundpfeiler der *Sozialen Marktwirtschaft* bereits während des NS-Regimes ausgearbeitet, sodass nach dem Ende des Ersten Weltkriegs die Umsetzung erfolgen konnte.

3. Die Theoretische Konzeption der Sozialen Marktwirtschaft nach Erhard und Müller-Armack

Nach dem Ende des Zweiten Weltkrieges stand die politische Elite vor der schwierigen Aufgabe, die brach liegende Wirtschaft neu aufzubauen, um den Wiederaufstieg des Landes organisieren zu können. Im Zuge dessen wurde diskutiert, welche Wirtschaftspolitik dieses Ziel erreichen konnte, sodass sich eine ausgiebige Kontroverse anschloss, die die Vor- und Nachteile von einer liberalen und einer staatlich gelenkten Wirtschaftsordnung erörterte.

Während der Wirtschaftsliberalismus schon während der Weltwirtschaftskrise seinen inhärenten Krisencharakter offenbart hatte und zeigte, dass eine freie Wirtschaft ganze Staaten dem Abgrund entgegenbringen konnte, unterstützten immer mehr Politiker Wirtschaftsprogramme sozialistischer Prägung.⁶ Erhard und Müller-Armack waren sich einig, dass die Lenkungswirtschaft, wie sie von sozialistischen Ländern jeglicher Art gehandhabt wurde, die Aufgabe des Wiederaufbaus nicht ermöglichen konnte. Laut Müller-Armack dienten die sozialistischen Wirtschaftstheorien dazu, Machtkonzentrationen

---
3 Vgl. Abelshauser, *Wirtschaftsgeschichte*, S.95.
4 Abelshauser, *Wirtschaftsgeschichte*, S.96.
5 Vgl. Abelshauser, *Wirtschaftsgeschichte*, S.97f.
6 Vgl. Birgit Geissler, *Sozial- und Ideengeschichtlicher Überblick*, Vorlesung an der Universität Bielefeld, WS 2010/2011, Folie 4.

kleiner Gruppen zu fördern und gesellschaftliche Spannung zu verstärken, die zur Schwächung des Staates führten.[7] Weiterhin charakterisierte Erhard sozialistische Ordnungen als Zuflucht für all Jene, die ihrer wirtschaftlichen Verantwortung entfliehen wollen, um in einem System der Kollektivwirtschaft die persönliche Freiheit aufzugeben.[8] Da also die beiden bedeutendsten Wirtschaftstheorien jener Zeit für den Wiederaufbau Deutschlands nicht in Frage kamen, entschied man sich für ein Programm, welches den Weg zwischen jenen beiden Wirtschaftskonzepten beschritt und von Müller-Armack als *Soziale Marktwirtschaft* bezeichnet wurde. Nach Müller-Armack sollte die *Soziale Marktwirtschaft* als grundlegendes Organisationsprinzip dafür sorgen, dass miteinander konkurrierende europäische Weltanschauungen verbunden und somit versöhnt werden. Aus jenen Anschauungen - der katholischen Soziallehre, der evangelischen Sozialethik, dem Sozialismus und Liberalismus – extrahierte Müller-Armack die primären Grundgedanken und brachte sie im Konzept der *Sozialen Marktwirtschaft* unter. So flossen neben dem katholischen Ordnungsgedanken, der protestantischen Hilfsbereitschaft, den liberalen Organisationsprinzipien auch das sittliche Wollen des Sozialismus in das Konzept ein.[9] Dieser Zusammenführung unterschiedlicher Anschauungen lag das Konzept der *Irenik* zugrunde, wonach die Verbindung der unterschiedlichen Strömungen unter dem Mantel der *Sozialen Marktwirtschaft* zu einer Befriedung der Gesellschaft führen würde.[10] Weiterhin wurde das Konzept darauf ausgelegt, dass es alle staatlichen, gesellschaftlichen, technischen, wirtschaftlichen und sozialen Aspekte umfasst, da all diese Aspekte die irenische Formel beeinflussten, sodass deutlich wird, dass das liberale Konzept des „limited government" hier nicht galt.[11]

Die *Soziale Marktwirtschaft* wurde aber nicht nur zur Befriedung entgegengesetzter Weltanschauungen gebraucht, sondern sollte auch einen immanenten sozialen Charakter haben und die BürgerInnen am wirtschaftlichen Wachstum beteiligen, wodurch auch hier die *irenische Formel* als Befriedung gesellschaftlicher Konflikte Anwendung fand. Dieser soziale Charakter wurde durch marktwirtschaftliche Grundprinzipien erreicht. Demnach sollte der Staat die Richtlinien für den Markt aufzeigen, in denen sich der Markt frei entwickeln konnte. Innerhalb der staatlichen Richtlinien durfte jeder Bürger hingegen seine

---

7 Vgl. Joachim Startbatty, *Alfred Müller-Armacks Beitrag zur Theorie und Politik der Sozialen Marktwirtschaft,* in: Symposium 8 der Ludwig-Erhard-Stiftung, Bonn, 1982, S.14.
8 Vgl. Ludwig Erhard, *Die Soziale Marktwirtschaft als Antwort auf die Herausforderungen unserer Zeit,* in: *Soziale Marktwirtschaft – Ordnung der Zukunft,* Frankfurt, 1972, S.11.
9 Vgl. Startbatty, *Theorie und Politik der Sozialen Marktwirtschaft,* S.13f.
10 Vgl. Startbatty, *Theorie und Politik der Sozialen Marktwirtschaft,* S.13.
11 Vgl. Startbatty, *Theorie und Politik der Sozialen Marktwirtschaft,* S.15.

Betätigung frei wählen, sie dem Markt zuführen und sich somit dem Wettbewerb des Marktes stellen.[12] Diese individuelle Einzelleistung aller Bürger wird vom Staat in einen gesellschaftlichen Fortschritt umgewandelt, der den sozialen Schutz „[...] *für die wirtschaftlich schwachen Schichten.*"[13] garantiert. Der Markt nimmt in der *Sozialen Marktwirtschaft* einen Fixpunkt ein, wo sich die einzelnen Unternehmer im Wettbewerb gegenüberstehen und durch den Leistungsdruck immer neue Innovationen, effizientere Techniken, gesteigerte Güterproduktionen oder neue Tiefstpreise hervorbringen, um sich von der Konkurrenz abzusetzen.[14] Durch die Marktkonkurrenz werden „[...] *einseitige Einkommensbildungen, die aus wirtschaftlichen Sonderstellungen herrühren [...]*"[15] aufgehoben, da Kartelle und Monopole systematisch zerschlagen wurden, um den freien Wettbewerb zu ermöglichen. Dadurch schützte der Staat die Konsumenten vor überhöhten Preisen, die durch Kartelle oder Monopole entstehen[16] und ermöglichte die Beteiligung von privaten Unternehmern am Marktgeschehen, wodurch „[...] *über 12 Millionen Flüchtlinge in den Arbeitsprozeß [...]*"[17] eingebunden werden konnten. Der Staat hingegen sicherte sich am Markt durch Steuern einen großen Anteil am Sozialprodukt, damit er die „[...] *Bewältigung von Gemeinschaftsaufgaben, wie Ausbau der Infrastruktur und Umweltgestaltung [...]*"[18] und eine Kaufkraftumschichtung zu Gunsten der sozial Schwachen[19] vornehmen konnte. Durch die Beteiligung der Menschen am Arbeitsmarkt und der Kaufkraftumschichtung wurden die Vorraussetzungen dafür geschaffen, dass der Einzelne den eigenen Wohlstand vermehren und das Privateigentum generell gesichert werden konnte, welches wiederum die Voraussetzung für die freie Berufswahl des Arbeiters und die Investitionsmöglichkeit für den Unternehmer darstellt[20].

Weiterhin verschmelzen in der Theorie Einzelinteressen – also die Inklusion von Kleinstunternehmern am freien Wettbewerb – und Gemeinschaftsinteressen durch die Investition der Steuermittel in Projekte, die Allen zu Gute kommen, wodurch der soziale Frieden gewahrt würde.[21] Diese zwei Aspekte – also sozialer Fortschritt und wirtschaftliches Wachstum durch freien Wettbewerb – bezeichnete Müller-Armack als die

---

12 Ludwig Erhard & Alfred Müller-Armack, *Soziale Marktwirtschaft – Ordnung der Zukunft*, Frankfurt, 1972, S.43.
13 Ebd.
14 Ebd.
15 Ebd.
16 Vgl. Erhard & Müller-Armack, *Soziale Marktwirtschaft*, S. 49.
17 Alfred Müller-Armack, *Die Grundformel der Sozialen Marktwirtschaft*, in: Symposium 1 der Ludwig-Erhard-Stiftung, Bonn, 1978, S.11.
18 Erhard & Müller-Armack, *Soziale Marktwirtschaft*, S. 47.
19 Vgl. Müller-Armack, *Grundformel der Sozialen Marktwirtschaft*, S.12.
20 Ebd.
21 Vgl. Erhard & Müller-Armack, *Soziale Marktwirtschaft*, S. 42.

beiden Seiten der Medaille, die die *Soziale Marktwirtschaft* darstellt.[22] Ferner stellte er fest dass beide Seiten in eine *„gemeinsame Strukturformel"*[23] gehören und die eine Seite nicht zu Gunsten der Anderen beschnitten werden darf. So können die Löhne nur in dem Maße steigen, wie sie wirtschaftlich tragbar sind, um noch konkurrenzfähige Produkte herstellen zu können und das erarbeitete Sozialprodukt begrenzt den Ausbau des sozialen Netzes.[24] Da jedoch immer wieder Teile der Wirtschaft, der Gesellschaft oder einzelne Interessengruppen die Balance zwischen freiem Wettbewerb und sozialem Fortschritt zu behindern suchten, musste der Staat immer wieder ordnend eingreifen, um diesen Ausgleich wieder herzustellen.[25] Diese Eingriffe wurden durch die Aufgabe des Staates legitimiert, den freien Wettbewerb aufrecht zu erhalten, welcher den zentralen Punkt *Sozialen Marktwirtschaft* darstellt.[26] Jedoch sind auch die Eingriffe des Staates in die Wirtschaftsabläufe begrenzt, sodass nur solche Eingriffe vorgenommen werden dürfen, die marktkonform sind und die freie Preisbildung beziehungsweise den Wettbewerb nicht behindern.[27] So sollte also eine liberale Marktwirtschaft aufgebaut werden, die durch gezielte Eingriffe des Staates in den wirtschaftlichen Ablauf sozialen Fortschritt forcierte. Erhard und Müller-Armack teilen die Entwicklung beziehungsweise die Umsetzung ihres Konzepts in zwei Epochen ein, wobei die erste Phase dazu diente den Wiederaufbau zu realisieren und einen moderaten Wohlstand in breiten Teilen der Bevölkerung zu generieren, der die dringendsten sozialen Probleme zu lindern vermochte.[28] Die erste Phase war um 1960 abgeschlossen, da die Arbeitslosenquote bei 1%[29] lag und somit Vollbeschäftigung erreicht war und somit nahezu alle Bevölkerungsschichten erwerbstätig waren und dadurch an Mechanismen der Vermögensmehrung beteiligt waren. Ab 1960 wendete man sich gesellschaftspolitischen Themen zu, welche *„[...] Eigentumsförderung, Fragen des Verkehrs, des Gesundheitswesens und Probleme der Bildung, [...] Überlegungen hinsichtlich sachgemäßer Investitionen und des Umweltschutzes [...]"*[30] umfassten. So wurde 1961 mit dem *Bundessozialhilfegesetz* die Unterstützung der sozial Schwachen durch die Gemeinschaft geregelt, sodass jenen ein menschenwürdiges

---

22 Ebd.
23 Müller-Armack, *Grundformel der Sozialen Marktwirtschaft*, S.12.
24 Ebd.
25 Vgl. Erhard & Müller-Armack, *Soziale Marktwirtschaft*, S. 44f.
26 Vgl. Startbatty, *Theorie und Politik der Sozialen Marktwirtschaft*, S.16.
27 Vgl. Erhard & Müller-Armack, *Soziale Marktwirtschaft*, S. 43.
28 Vgl. Startbatty, *Theorie und Politik der Sozialen Marktwirtschaft*, S.19.
29 Statistik der Bundesagentur für Arbeit, *Arbeitslosigkeit im Zeitverlauf*, Verfügbar unter:
https://www.destatis.de/DE/ZahlenFakten/Indikatoren/LangeReihen/Arbeitsmarkt/lrarb003.html, Letzter Zugriff: 27.01.2013, 11:21.
30 Erhard & Müller-Armack, *Soziale Marktwirtschaft*, S. 14.

Überleben geboten werden konnte und im selben Jahr mit dem *Vermögensbildungsgesetz* eine Sparzulage seitens des Staates eingerichtet.[31] Jedoch barg der Ausbau des Sozialstaates nach Müller-Armack ein großes Risiko für die wirtschaftlichen Verhältnisse jener Zeit. Demnach würde das soziale Netz die Staatsfinanzen belasten, was möglicherweise zu einem Wechsel der Ordnungsform – also den marktwirtschaftlichen Rahmenbedingungen – führen könnte.[32] Müller-Armack unterstützte zwar die Armenfürsorge, wollte die Rolle des Staates aber nur auf Mitfinanzierungen beschränken, wobei die Hauptlast auf Seiten der Bürger verbleiben sollte. Er stellte fest, dass beim Ausbau der Sozialstaates immer weniger Investitionen in die öffentliche Haushalte vorgenommen wurden und man sich nunmehr auf den Verzehr sozialer Reserven und Geldmittel beschränkte.[33] Demnach förderte die Sozialgesetzgebung der BRD in den 1960er Jahren die Staatsverschuldung, die zu einer Lähmung der wirtschaftlichen Dynamik führte und somit eine antimarktwirtschaftliche Tendenz darstellte.[34]

Obwohl jene Probleme auftraten, stellte sich die *Soziale Marktwirtschaft* als neues wirtschaftspolitisches Konzept als stabil genug dar, um die große Aufgabe des Wiederaufbaus zu realisieren. Neben dem wirtschaftlichen Aspekt vermochte das Konzept weiterhin die Bürger an dem wachsenden Wohlstand zu beteiligen und binnen weniger Jahre die Akzeptanz für das neue Programm zu steigern, Vertrauen in den Staat zu stärken und somit die zweite deutsche Demokratie bei den Menschen zu verwurzeln. Diese Errungenschaften müssen vor allem Müller-Armack, als Namensgeber und Urhebers des Konzeptes, und Ludwig Erhard, der das Konzept als Wirtschaftsminister nach dem Zweiten Weltkrieg einführte, zugeschrieben werden.

---

31 Gesetze abrufbar auf der Homepage des Bundesjustizministeriums unter: http://www.gesetze-im-internet.de/.
32 Startbatty, *Theorie und Politik der Sozialen Marktwirtschaft,* S.18.
33 Startbatty, *Theorie und Politik der Sozialen Marktwirtschaft,* S.23.
34 Ebd.

4. Literatur

Werner Abelshauser, *Deutsche Wirtschaftsgeschichte seit 1945,* München, 2004.

Alfred Müller-Armack, *Wirtschaftsordnung und Wirrtschaftspolitik,* Freiburg, 1966.

Ludwig Erhard & Alfred Müller-Armack (Hrsg.), *Soziale Marktwirtschaft – Ordnung der Zukunft,* Frankfurt/Main, 1972.

Birgit Geissler, *Sozial- und Ideengeschichtlicher Überblick,* Vorlesung an der Universität Bielefeld, WS 2010/2011.

Carlo Mötteli, *Licht und Schatten der Sozialen Marktwirtschaft,* Zürich, 1961.

Alfred Müller-Armack, *Wirtschaftsordnung und Wirrtschaftspolitik,* Freiburg, 1966.

Adam Smith, *Der Wohlstand der Nationen,* München, 1983.

Ludwig-Erhard-Stiftung e.V. Bonn, *Smposium I – Soziale Marktwirtschaft als nationale und internationale Ordnung,* Stuttgart, 1978.

Ludwig-Erhard-Stiftung e.V. Bonn, *Smposium VIII – Soziale Marktwirtschaft im vierten Jahrzehnt ihrer Bewährung,* Stuttgart, 1981.

Ludwig-Erhard-Stiftung e.V. Bonn, *Smposium XIII – Ludwig Erhard und seine Poltik,* Stuttgart, 1985.

Ludwig-Erhard-Stiftung e.V. Bonn, *Smposium XXX – Erfahrungen der Deutschen beim Systemwechsel ,* Stuttgart, 1992.